LK 140.

NOTICE HISTORIQUE

SUR

ALLEX

(Drôme),

Par l'Abbé A. VINCENT,

Membre de l'Institut historique de France.

VALENCE,
IMPRIMERIE MARC AUREL.

1855

NOTICE HISTORIQUE

SUR

ALLEX

(Drôme),

PAR L'ABBÉ A. VINCENT,

Membre de l'Institut historique de France.

Pour assigner à chacun de nos villages, l'origine qui lui est propre, il faudrait des documents, des titres authentiques et une tradition fondée ; à défaut de ce secours, on est réduit à des conjectures plus ou moin vraisemblables qu'adoptera peut-être un amour-propre ami du merveilleux, mais que doit repousser tout esprit sage et éclairé. Le point de départ échappe à nos regards, perdu dans les ténèbres et les

1855

obscurités des âges écoulés, il ne devient lumineux et certain que par le fait d'un conquérant imposant son nom à une colonie, à un camp, ou à un établissement quelconque mentionné par les historiens. En dehors de cette origine on ne rencontre qu'incertitude, fables et prétentions vaniteuses.

Allex partage le sort commun à presque tous nos bourgs; sa formation a été lente et progressive; le temps seul a consolidé son existence d'abord précaire et ignorée; puis, à de longs intervalles, son nom n'est écrit par les chroniqueurs, que pour le préserver, ce semble, d'un entier oubli. L'étymologie est impuissante à suppléer au silence de l'histoire; le mot *alesium aleusia*, sous lequel il est désigné dans les actes latins du moyen-âge, ne répand aucune lumière sur les causes qui ont présidé à sa création. Faut-il voir dans cette appellation un souvenir romain ou un mot dérivé de la langue celtique se rattachant au côteau sur lequel il est bâti? Allex ne doit-il pas son origine à la présence d'une riche *villa*, peut-être aussi à une construction ménagée pour défendre le pays contre les soulèvements intérieurs? ce sont autant de questions qu'il est moins facile de résoudre que de poser.

Les Romains fortifièrent le sol conquis, à mesure qu'ils pénétraient dans les Gaules et le semèrent de châteaux qui par l'opportunité de leur situation, se convertirent bientôt en cités et en bourgades. Voilà ce que rapporte Strabon; son témoignage serait plus complet et bannirait toute incertitude sur la formation de nos villages, s'il avait laissé dans ses écrits la nomenclature des villes et des lieux qui naquirent de ces constructions de guerre.

Sans faire violence à l'histoire, sans prétendre ôter de vive force le voile derrière lequel se cachent des événements du plus haut intérêt pour nos contrées, on peut affirmer que si le village d'Allex ne remonte pas à la domination romaine son territoire du moins fut habité et cultivé pendant la longue et sanglante période de leur empire. Les monuments de leur passage éclatent partout; ici, c'est un tombeau renfermant des ossements et une médaille à l'effigie de Constance; là, c'est une urne d'où s'échappent par milliers des pièces frappées depuis le règne de Gallien jusqu'à celui de Dioclétien. Les travaux de l'agriculture mettent souvent au jour de nombreux vestiges, de précieux débris, preuves irréfragables du séjour qu'ont fait les Romains dans le territoire d'Allex.

Les légions des Césars avaient colonisé et enrichi le pays conquis de monuments, de *villas*, de temples et d'amphithéâtres; ils lui avaient imposé leurs lois, leurs mœurs et leur civilisation; mais arrivèrent les Barbares poussés par le désir du pillage et conduits par une Providence qui avait à châtier un peuple énervé, dissolu et noyé dans ses propres excès. Tout croule; la nuit se fait et de ce chaos et de cette perturbation va sortir un peuple nouveau, une autre société régie par des principes inconnus jusque-là. Le travail de rénovation fécondé par le souffle vivifiant de la foi chrétienne, est d'abord latent, puis manifesté aux yeux de tous. Plusieurs siècles s'écoulent dans les luttes et les convulsions ; enfin apparaît la féodalité, mélange d'éléments divers, mais forte, grande et reflétant dans son organisation les besoins et les idées qui présidèrent à son avènement et à sa formation. Le pouvoir central et sauveur qu'appelait la répression de l'anarchie ne se montrait nulle part ; alors se divisèrent toutes les forces vitales. La défense du sol menacé d'invasion se produisit partiellement et donna lieu dès le principe à son morcellement. Quand fut conjuré le péril du dehors, l'énergie des grands se consuma en rivalités et leurs châteaux ne servirent trop souvent qu'à abriter la tyrannie et l'ambition. De là ces guerres, ces envahissements à main armée dont le récit pourrait jeter tant d'éclat et d'intérêt sur l'histoire locale, s'il nous était parvenu à travers les révolutions. Avec les lambeaux recueillis çà et là, on ne peut arriver à former un tout complet, à renouer une chaîne brisée ; mais ces rares documents mis en regard dans leur ordre chronologique, nous initieront aux mœurs, aux usages et aux troubles de la vieille société. A ce titre, ils représentent l'héritage du passé et deviennent pour nous la source de graves enseignements et de douces émotions.

Quand, à la faveur d'une longue anarchie, le deuxième royaume de Bourgogne tombant en dissolution, sortit de mains faibles et inhabiles pour passer, morcelé et divisé, aux feudataires de la couronne, une large part fut faite aux Évêques de la province de Vienne, déjà possesseurs de nombreuses terres qu'ils devaient à la piété des fidèles ou à la munificence des princes et des barons. Les Évêques de Valence virent s'agrandir leur domaine temporel d'une partie des dépouilles de Boson ; des limites de la ville épiscopale, leur juridiction s'étendit au loin ; et vers le dixième siècle, ils comptaient plus de quarante communautés relevant d'eux, soit directement, soit indirectement.

Allex était compris parmi leurs fiefs ; depuis longtemps ils jouissaient des droits seigneuriaux sur ce lieu, lorsque en 1157, l'Empereur Frédéric Ier voulut bien octroyer à Odon, évêque de Valence, la terre et le château d'Allex. Frédéric II confirma en 1258, cette donation que ne suivait aucun nouveau profit. Le monarque Allemand n'ignorait pas ce qu'il y avait de vain et de mensonger en sa libéralité ; mais son but était de faire revivre des droits de haute suzeraineté sur une contrée autrefois soumise à ses devanciers. (1)

A côté des Évêques de Valence, se posaient en souverains de nos contrées, les sires de Poitiers, famille illustre datant son origine et son pouvoir du démembrement de la royauté des Burgondes. Leurs domaines étaient contigus et souvent enclavés les uns dans les autres ; il y eût de fréquents démêlés, suivis d'une lutte opiniâtre dont les résultats, loin d'ébranler la puissance des prélats, tendaient, au contraire à la consolider.

Le motif de la guerre soutenue en 1245, par

---

(1) *De rebus gestis episc. val et Diens*, par Columbi, page 24

les deux rivaux, fut le village d'Allex. Aymar de Poitiers prétendait y exercer une juridiction seigneuriale; Philippe de Savoie, évêque de Valence, lui contestait ses droits et faisait valoir les titres qu'il tenait de l'empire et d'une possession consacrée par plus de deux cents ans. La querelle s'envenima et la force fut appelée à lui donner une solution. (1)

Cependant épuisés d'efforts et rendus à des sentiments de paix et de conciliation, les contendants signèrent le 5 du mois d'octobre, un traité qui fixait les destinées d'Allex. Le hameau de Lésignan avait été cédé en entier au prélat; peu satisfait de cet arrangement, le comte de Valentinois s'apprêtait à recommencer les hostilités et quelque temps après, il envahit les terres de son adversaire, brûlant et ravageant ce qui tombait sous sa main. Philippe de Savoie n'avait pas hérité de l'ardeur belliqueuse de ses prédécesseurs; mais la justice de sa cause et la douceur de ses mœurs lui ayant gagné l'estime et le dévouement des seigneurs voisins, ceux-ci se prononcèrent ouvertement pour lui et interposèrent leur médiation.

La paix n'allait point aux sires de Poitiers; aussi voyons-nous Aymar, en 1267, fondre sur Allex et Lésignan, s'en emparer et y planter son étendard, comme signe de sa domination. Le siege épiscopal était alors occupé par Bertrand. Une conquête si rapide, une attaque si injuste ne pouvaient rester sans vengeance; le nouveau

---

(1) *De rebus gestis episc. vol. et Diens*, par Columbi, page 58 et 61.

prélat, jeté, malgré lui, dans les embarras de la guerre, arma ses vassaux, dirigea ses forces vers les points envahis et parvint à les arracher au comte de Valentinois. Crest, Aoste, Divajeu deviennrent successivement le théâtre d'événements importants; le sang coulait, les villages détruits, les campagnes ravagées, les châteaux en ruines redisaient la violence de la lutte (1). Tant d'acharnement et de persistance accusait hautement l'ambition des Poitiers aujourd'hui vainqueurs, demain vaincus, mais toujours prêts à recourir aux armes pour étouffer et annéantir la puissance temporelle des Évêques de Valence. Leur fougue se brisa et vint échouer, après de laborieux efforts, contre une attitude calme, quelquefois inerte et souvent énergique ; car plus d'un prélat quittant la mitre pour le casque, se laissa entraîner par une généreuse ardeur mal comprimée, conduisit lui-même ses troupes au combat et prouva aux Poitiers étonnés que les habitudes du sanctuaire n'excluaient pas le courage et la valeur.

Allex pris et repris continua donc à relever du domaine de l'église de Valence. Quand furent assoupies les rivalités sanglantes qui avaient couvert de ruines les bourgs et les châteaux du Valentinois, quand le calme semblait naître, l'apparition des *routiers* ramena le deuil et la désolation en nos contrées ; elles étaient traversées par des bandes armées, sans discipline et sans autre guide dans leurs irruptions subites, que l'instinct du pillage et la soif du butin. Les

(1) Histoire du Dauphiné par Chorier, tome 2, page 120.

aventuriers rançonnaient les villages, dévalisaient les métairies, promenant le fer et le feu comme en un pays conquis. Livrées à leur terreur et dénuées de tout appui, les populations couraient aux lieux fortifiés, et, par leur présence, ajoutaient à l'effroi et aux alarmes.

Sous l'impression encore de la bataille où l'armée de Reymond de Turenne avait été vaincue non loin des murs d'Eurre, les habitants d'Allex se joignirent à ceux de Montvendre, de Beaumont, de Montéléger, de Loriol et de Mirmande et firent supplier le roi de les assister et défendre contre les gens de guerre qui infestaient le Valentinois. Charles VI ordonna en 1397, à Jacques de Montmaur, gouverneur du Dauphiné, de leur prêter aide et sauvegarde envers et contre tous. En retour, ils s'obligèrent à fournir au roi une compagnie de 100 hommes de pied, armés et entretenus à leurs frais pendant un mois. Jean de Poitiers, évêque de Valence, prétendant qu'il était lésé dans ses droits et privilèges de seigneur des communautés plaignantes, le traité fut modifié et reçut son entière exécution, à partir du 25 août de l'an 1406 (1).

La condition d'Allex ne s'améliora en réalité que lorsque Louis XI eut amoindri le pouvoir des seigneurs et fortifié l'autorité royale, en se réservant à lui seul, l'exercice des prérogatives de la souveraineté. La noblesse, contenue par une barrière qu'on ne franchissait pas en vain, cessa d'en appeler, à la violence et aux

(1) Description du Dauphiné par Aymar du Rivail, page 117. — Archives de la chambre des comptes.

armes pour le redressement de ses griefs. D'ailleurs les comtes de Valentinois, ces éternels rivaux d'une puissance qui les ombrageait, s'étaient éteints naguère ; de leur gloire, de leur vie turbulente et agitée, il ne restait plus qu'un vain souvenir confié aux moines de Saint-François-de-Crest, sentinelles de la mort veillant depuis des siècles sur la tombe des Poitiers (1).

La part d'Allex aux événements qui se sont accomplis sous le régime féodal, ne saurait être représentée fidèlement et dans toute son étendue. Ses vicissitudes et ses malheurs demeureront pour nous à l'état de mystère ; car du naufrage de nos traditions, on ne recueille que d'informes débris, des faits sans importance ou privés de ces détails, de cette couleur locale qui fixent l'attention et provoquent l'intérêt. Cependant à l'aide des rares documents contenus dans les dépôts publics, on peut suppléer au silence des chroniqueurs et soulever un coin du voile derrière lequel repose un passé dramatique et émouvant. Faibles et mourantes lueurs d'un flambeau agité par les orages, ces fragments échappés à l'oubli ou à l'incurie, nous laisseront entrevoir quelle fut la vie d'Allex au point de vue de son organisation.

Des guerres continuelles, des craintes de surprise, faisaient pour tous villages une condition d'existence et de sécurité, de la présence d'un château-fort et d'une ceinture de remparts crénelés. Allex subit la loi commune et ne pouvait se soustraire aux attaques du dehors que

(1) Histoire des comtes de Valentinois, par André Duchêne.

par des fortifications. Un donjon appelé *Motte de la tour ronde*, s'élevait, dès l'an 1518, au point culminant du côteau sur les flancs duquel il étage si pittoresquement ses maisons; à ce donjon protecteur et habité par les hommes d'armes chargés de la défense de la place, venaient se rallier des murs épais, coupés de hautes tours et embrassant tout le village dans leur pourtour. On pénétrait dans Allex par trois portes désignées sous le nom de Margerie, du bourg de l'église et de Ponet (1). Quelques ruelles pentueuses et très-étroites aboutissaient à une rue principale traversant le village dans sa plus grande étendue.

Allex reçut des circonstances, diverses modifications qui, n'altérant en rien sa configuration première, se portèrent naturellement sur l'ensemble de ses fortifications. Une tour carrée aux formes colossales, des bâtiments servant aux magasins et aux logements des troupes, complétèrent postérieurement ses moyens de défense et lui donnèrent un aspect plus imposant et plus guerrier.

Il est difficile de marquer, d'une manière sûre, l'époque à laquelle se constitua la municipalité d'Allex. Les consuls n'apparaissent qu'au seizième siècle; mais le châtelain entre en scène dans des temps plus reculés. Ce magistrat nommé par l'évêque de Valence ou par le chapitre de Saint-Apollinaire, percevait les revenus féodaux, veillait à la garde du lieu, commandait la

---

(1) Archives de la préfecture. — Archives de la mairie d'Allex.

milice, et servait d'intermédiaire entre le seigneur et les vassaux.

L'évêque de Valence avait dans les terres relevant de sa directe, la justice haute, moyenne et basse. De petites judicatures ou cours de justice étaient établies dans chacun de ses fiefs, connaissant du plus petit délit jusqu'aux crimes dont la punition entraînait la peine capitale. La prison, les amendes et un gibet dressé sur la place rappelaient aux habitants du mandement que la justice n'était pas violée impunément. Le juge d'Allex ne prononçait point en dernier ressort ; car ses sentences étaient sujettes à un appel par devant le juge épiscopal de Valence ; mais hormis cette restriction si favorable aux prévenus et aux condamnés, il jouissait d'un pouvoir immense qui atteignait même les délits contre les mœurs et contre la religion. On peut lire dans les archives du chapitre cathédral, plusieurs jugements qui témoignent de son zèle à l'encontre des blasphèmes et des adultères. Un blasphémateur fut puni, en 1550, d'une amende de cinquante florins. Sans attirer une répression aussi humiliante que dans la plupart des communautés du Valentinois où le coupable était fustigé le long des rues, la violation de la foi conjugale emportait seulement une amende de douze livres. La pénalité variait selon la nature et les circonstances du délit ; mais elle ne faisait jamais défaut, quoique empruntant aux lieux et aux habitudes locales des formes plus ou moins caractérisées (1)

(1) Archives de la préfecture. — Traité de l'usage des fiefs, 1re partie, page 262.

L'esprit religieux qui animait nos pères, ne laissait aucune douleur sans secours. Pendant que la loi civile bannissait le *ladre* et le lépreux, des âmes généreuses leur ménageaient un asile au sein des bois et des campagnes ; là, du moins, loin d'une société que l'ignorance et les préventions rendaient sévère et peut-être injuste le malheureux frappé du mal venu d'Orient, pouvait vivre, se consoler et espérer. On donnait à ces établissements le nom de *maladreries* ; mais la lèpre ayant disparu avec les causes qui la produisaient, les biens destinés au soulagement des lépreux furent appliqués au profit d'un hopital bâti près de l'église de Saint-Maurice. L'administration du patrimoine des pauvres était confiée à un *procureur* choisi parmi les notables du lieu, lié par serment et tenu chaque année de rendre ses comptes devant une assemblée générale des habitants.

Dans l'enceinte s'élevait un monument sur lequel l'architecture et la piété avaient jeté leurs richesses et leurs dons ; c'était l'église paroissiale dédiée sous le vocable de Saint-Maurice Diverses chapelles occupaient les absides et les nefs latérales ; on y remarquait surtout celles de Sainte-Catherine, de Saint-Pierre et de Saint-Paul, toutes deux assez largement dotées pour être desservies par un recteur particulier. Le curé, nommé par les Bénédictins anglais de Paris, avait pour l'assister dans la célébration des offices ou l'acquittement des obits, dix ou quinze prêtres que leurs fonctions au chœur faisaient désigner autrefois sous le nom de prêtres *choriers*. C'est là, sans aucun doute, ce qui a porté quelques écrivains à ranger l'église de Saint-Maurice parmi les anciennes collégiales ; mais leur asssertion ne saurait tenir devant un examen attentif de l'organisation ecclésiastique, alors que les offrandes des fidèles, quo le zèle religieux nécessitaient un clergé nombreux et à la hauteur des besoins. (1)

A l'ouest, non loin du village, le prieuré de Saint-Baudile témoignait par sa présence de la foi de nos pères et de leur vive sollicitude pour les intérêts moraux ; il dépendait de la célèbre abbaye de Cluny et se composait d'une église, d'un cimetière et de bâtiments claustraux habités par quelques moines. Le prieur jouissait de droits seigneuriaux sur Ambonil et exerçait sur le pays une influence profonde que les revenus de son riche bénéfice lui permettaient de faire tourner au profit de l'indigent et de l'opprimé. Son opulence était encore constatée dans le siècle dernier par un bail à ferme passé au prix de cinq mille livres. Les pauvres d'Allex et de Montoison recevaient, il est vrai, la vingt-quatrième partie des produits des dimes et des biens-fonds du prieuré. (2).

Il existe dans le territoire d'Allex un hameau connu sous le nom de *Moustier* ; à cette appellation dérivée de monastère, se rattache peut-être le souvenir d'un autre prieuré ; mais à quelle époque remonte son origine ? quand fut-il dé-

(1) Archives de la chambre des comptes. — Archives de la préfecture.

(2) Archives de la chambre des comptes. — Archives de la préfecture. — La clé du grand pouilli de France, p. 195.

truit? nul ne saurait le dire et à travers les âges écoulés, rien n'accuse sa vie, ses phases et ses commotions.

L'état des charges qui pesaient sur les habitants et la nomenclature des censes et des droits seigneuriaux compléteront ce tableau rétrospectif où se reflètent aux regards de l'antiquaire les mœurs et la constitution de la vieille société. Les manants et les tenanciers d'Allex devaient porter au château une quantité de bois déterminée; ils étaient en outre redevables au seigneur de deux pots de vin par tonneau. Les amendes, le greffe de la justice, la juridiction, les revenus du four banal appartenaient au chapitre de Saint-Apollinaire. Le pain blanc destiné aux accouchées et les gâteaux en forme de couronne étaient exempts du droit de cuisson (1). Il y a dans ce privilège des accouchées, un côté favorable que ne voudront pas voir ceux qui nous peignent la féodalité comme un régime de barbarie, de misère et d'abrutissement. Pourquoi ne pas relever ce fait, alors que témoignage éloquent, il peut faire tomber ces haines et ces préventions que l'ignorance amasse contre le passé?

Ainsi se présentait Allex, envisagé au point de vue social, lorsque la guerre civile éclata en Dauphiné. Sa position l'appelait à jouer un rôle et de grandes ruines sont encore debout pour nous dire sa part de souffrances et de malheurs. Placé entre Crest et Livron, au centre même du mouvement, il ne pouvait échapper à l'action

---

(1) Archives de la préfecture.

des partis, toujours prêts à livrer bataille pour se disputer de misérables hameaux aussitôt perdus qu'occupés. Allex passa tour à tour des huguenots aux catholiques et des catholiques aux huguenots ; jamais période de notre histoire ne fut plus remplie de phases diverses, d'événements prompts et inattendus. De là, cette confusion dans les faits et les dates ; de là, cette obscurité qui enveloppe comme d'un voile épais, tant de lieux, tant de villages dont les annales auraient pu s'enrichir d'actions éclatantes, de sièges et de combats vaillamment soutenus. Les documents publics ont fait à Allex l'aumône d'une triste célébrité ; il figure de loin en loin dans l'histoire générale des troubles qu'enfanta la réforme. Le témoignage de chroniqueurs avares de détail est corroboré de celui des archives communales ; acteurs et victimes en ce drame sanglant, les consuls écrivent les malheurs et les angoisses de la patrie et leur récit jette un nouveau jour sur cette époque féconde, mais peu connue.

Caché d'abord, puis répandu avec un zèle digne d'une meilleurs cause, le calvinisme sema la division dans les esprits et la haine dans les cœurs. Bientôt la violence éclate ; on court aux armes ; tout s'agite et se remue sous l'empire de circonstances qui ne laissent place ni à l'indifférence ni à l'apathie. La foi des aïeux était menacée ; la société se voyait atteinte, elle aussi, dans ses principes fondamentaux. Une attaque si audacieuse devait réveiller à la fois tous les instincts du patriotisme et de la religion ; aussi bien grande fut l'alarme et de tout côté, on se prépara à une lutte ardente et d'autant plus opiniâtre qu'elle avait pour enjeu les plus graves intérêts.

C'est en 1560 que les novateurs arborent publiquement en Dauphiné le drapeau de la rébellion ; l'intrigue et l'ambition s'en emparent et sous ces plis agités, se cachent des projets dont la réalisation va couvrir de ruines et de sang nos campagnes et nos cités. Impuissant à défendre Allex contre une tempête si violente dès son début, le chapitre de Saint-Apollinaire détache cette terre de son domaine temporel et l'aliène en 1564, au profit de noble Antoine Audeyer. Quand fut passée la tourmente, il la racheta ; mais elle lui revenait pauvre, dépouillée et affaiblie par de longues souffrances. (1)

Depuis longtemps catholiques et huguenots se livraient des combats meurtriers, depuis longtemps, la paix avait fui de nos bourgs emportés, saccagés, puis abandonnés pour être de nouveau pris et dévastés. Allex eût à passer par les horreurs d'un siège et les angoisses du pillage ; aujourd'hui tombant au pouvoir d'un parti, demain repris et enlevé d'assaut il avait vu tomber ses institutions, s'évanouir sa prospérité et déja, il n'était plus que l'ombre de lui-même, lorsqu'en 1568, de Gordes, lieutenant du roi en Dauphiné, demande la démolition de ses murs et de son donjon (2). La difficulté que présentaient à garder, tant de places éparpillées sur le sol, pouvait seule, lui inspirer une

(1) Archives de la préfecture.
(2) Histoire du Dauphiné, tome 2, page 625.

mesure qui, favorable à l'ensemble de ses opérations militaires, nuisait cependant à la sécurité des lieux condamnés à perdre leurs antiques remparts. Il ne paraît pas que le décret de démolition ait eu son entière exécution, du moins à Allex; car les événements marchaient plus vite que les arrêts et les chances de la guerre souvent les frappaient de nullité.

En 1571, ces mêmes fortifications qu'avait voulu démanteler le lieutenant du roi, se relevaient aux frais des habitants et acquéraient ces conditions de force et de puissance que réclamaient les éventualités d'une guerre toute de détails et dont l'action se manifestait surtout par la conquête et la prise des bourgs du Valentinois (1). Un avenir prochain devait réaliser les craintes et les appréhensions qui avaient inspiré au gouverneur d'Allex la pensée de réparer des murailles tant de fois battues et entamées par le canon. Montbrun, ce fougueux huguenot, la terreur des catholiques, se présenta devant la place et s'en empara en 1575 (2); elle lui fut enlevée presque aussitôt après. L'histoire n'a conservé aucune particularité sur ces deux faits d'armes, mais un document tiré des registres consulaires nous dédommage du laconisme des chroniqueurs par le récit circonstancié des événements qui s'accomplirent à Allex en 1574. La domination des huguenots était marquée par le pillage, le meurtre et l'incendie. La pendaison des moines et des prêtres, la dévastation des

(1) Archives de la préfecture.
(2) Histoire du Dauphiné, tome 2, page 657.

églises et des prieurés, la ruine de tout ce qui appartenait au culte des aïeux, voilà le mobile de leur fureur et de leur rage; leur triomphe à Allex porte le même caractère de despotisme et de tyrannie; et ce n'est qu'avec un profond dégoût, qu'on envisage le tableau de leurs méfaits retracé par un témoin.

Le 23 du mois de février, à l'aube du jour, une compagnie commandée par le seigneur de Mirabel s'approcha traitreusement d'Allex, du côté du nord, franchit en l'escaladant, la maison de noble sieur d'Eurre et pénètre ainsi dans le bourg surpris et mal gardé. Un coup de main si hardi jette la stupeur et l'effroi chez tous les habitants; mais se souvenant des enseignements du passé et convaincus de leur impuissance, ils opposent l'inertie aux actes de brigandage et de spoliation; et leur douleur, ils la concentrent au fond de l'âme, afin de ne pas irriter l'ennemi par de vaines protestations. Cependant peu satisfaits de leur facile victoire et du butin qu'ils ont enlevé, les huguenots rêvent de sang et de carnage. Ils se placent en embuscade dans l'hôtel du sieur d'Eurre, voisin de l'église et se disposent à massacrer tous ceux des habitants qui se rendront à la messe pour recevoir les cendres; car c'était le premier jour de carême et malgré le péril d'une profession de foi religieuse manifestée hautement en face des huguenots vainqueurs, un grand nombre devait aller assister à la cérémonie. La Providence déjoua l'infernal complot; une femme nommée Rossignolle, éventa le secret et par ses révélations empêcha la plus horrible des boucheries. Trompés dans leur attente, ils frappent et tuent sans pitié messire Pierre Vions, curé; messire Claude Lamier, chorier de Saint-Maurice; Pons Viron, Bertrand Bocquet et Guillaume Janoyer. Une autre victime tombée au piège des tyrans, fut gardée pendant six ou sept jours; c'était un prêtre. Après l'avoir accablé de mauvais traitements, ils le traînèrent devant la porte de l'église et là, *trois soudarts huguenots le saignèrent comme un mouton !* (1)

Peu de temps après, le seigneur de Mirabel se rendit à Livron où l'attendait une mort honteuse, juste châtiment de ses cruautés. Il laissait à Allex cent vingt hommes de guerre sous la conduite du bâtard Jean d'Eurre qui, croyant racheter le vice de sa naissance par la gloire des armes, la révolte et l'apostasie, s'était jeté dans le parti des huguenots.

Le commandement de l'armée royale venait d'être confié à François de Bourbon, dauphin d'Auvergne. Le nouveau général donne rendez-vous à ses troupes, non loin du foyer de l'insurrection; Romans lui paraît être le lieu le plus convenable. Dès les premiers jours de juin, il avait assemblé ses compagnies, ses pionniers et son artillerie; les volontaires du Valentinois grossissent ses forces et le 17 du mois, il s'avance vers Allex, à la tête de dix-mille hommes. La garnison ne vit pas sans effroi des préparatifs si redoutables; elle se dispose à une vigoureuse résistance, mais une brèche ayant été pratiquée par le canon, du côté du nord, les

(1) Album du Dauphiné, art. Allex.

assiégeants montent à l'assaut et pénètrent dans l'enceinte. Les huguenots repoussés gagnent précipitamment la tour carrée que ses dimensions colossales rangeaient parmi les meilleurs châteaux-forts des alentours. Ce dernier refuge de l'ennemi est cerné par les troupes royales ; mais les lenteurs inévitables d'un blocus n'allant point avec leur ardeur, elles emploient l'artillerie, cette arme puissante qui leur avait valu déjà un premier triomphe. Le canon gronde de nouveau et après un feu meurtrier, entame et abat le sommet de la tour. Toute lutte était désormais inutile de la part des huguenots; leurs efforts ne pouvaient conjurer le péril. Les assiégeants montent à l'escalade, entrent dans le donjon et passent au fil de l'épée tout ce qui veut entraver leur furie. Lassés de tuer, ils s'emparent de Jean d'Eurre et d'une partie de ses infortunés compagnons, puis ils les conduisent au camp devant le prince Dauphin, comme une preuve de leur victoire. Là, aurait dû s'arrêter leur vengeance sur un ennemi vaincu et humilié; déjà, assez de huguenots avaient été massacrés dans le premier enivrement du succès; mais le souvenir des atrocités commises pendant leur domination à Allex, était encore vivace et au nom des victimes immolées le mercredi des cendres, ils sentent se réveiller la soif du sang. Pas une voix ne s'élève en faveur des prisonniers; on les reconduit dans la tour chargés de la malédiction des habitants et là, ils sont décapités sur les cadavres de leurs coreligionnaires gisant au milieu des débris. (1)

Grâce aux forces imposantes dont disposait le Dauphin d'Auvergne, le siège ne dura que deux jours ; cent vingt coups de canon furent tirés contre les remparts. Le chroniqueur auquel nous empruntons ces détails, n'a point compté ceux que reçut le donjon ; mais sa destruction presque complète nous donne la mesure de l'activité déployée par les artilleurs de l'armée. En ces temps d'anarchie, les plus hideux excès, le massacre opéré de sang froid, l'incendie d'un village surpris, semblaient être le complément obligé de la victoire et du succès. Les horreurs, commises à Allex par les huguenots, appelèrent les représailles et ce spectacle de tuerie se renouvelait à chaque triomphe des partis. C'est ainsi que la haine souillait les lauriers cueillis sur la brêche, que le courage et la valeur ne savaient se défendre des lâches inspirations que réprouvent la gloire, l'honneur et un sentiment d'humanité.

Le prince Dauphin lève le camp assis sous les murs d'Allex et se dirige vers Aoste. De là, il va à Livron qu'il tente vainement de soumettre. Ses troupes ayant besoin de repos, il les disperse et les cantonne à Allex, à Valence et à Crest.

Les catholiques ne jouirent pas longtemps des avantages remportés par l'armée royale; car

(1) Album du Dauphiné par Chorier, page 660. — Faits mémorables, etc., page 512. — Mémoires d'Eustache Piémont.

l'année suivante, les huguenots avaient repris Allex et se répandant aux environs, semaient partout le pillage et la mort. De Gordes voulant mettre un terme à leurs déprédations, s'empare de Grâne, puis passant la Drôme, vient investir Allex avec un corps de troupe considérable. L'artillerie lui fut d'un puissant secours dans ce siège ; le bourg ouvert en plusieurs endroits est emporté par escalade ; les soldats de la garnison fuient en désordre, abandonnant la place qui est aussitôt mise à sac. (1)

L'histoire, pour retracer les événements de cette période sanglante, n'avait que quelques mots qui semblaient sacramentels et ces mots et cette formule empruntés au langage des flibustiers se répétaient avec une persistance que justifiaient les mêmes actes, toujours reproduits avec les mêmes conditions. Allex fut battu, pris et pillé ; telle était la phrase consacrée ; ces trois mots stéréotypés composaient tout le vocabulaire des annalistes de la Réforme.

Le siège de Livron amena de nouveau l'intendant du roi dans les murs d'Allex ; mais sa présence, loin de provoquer les exactions et l'arbitraire, se rattachait à la défense du bourg. Avant d'attaquer le principal boulevart des huguenots, il voulut s'assurer de l'état des places voisines, renforcer leurs garnisons, les munir de provisions de guerre et les mettre à l'abri contre toute éventualité. (2)

(1) Faits mémorables, etc., page 497. — Mémoires d'Eustache Piémont.

(2) Histoire du Dauphiné, tome 2, page 664.

L'avenir, toujours orageux, allait donner un démenti aux mesures de sécurité que lui inspiraient son zèle et son dévouement. Transformés en *guérillas* les huguenots parcouraient la contrée, rançonnant les voyageurs et butinant dans tous les lieux qu'ils traversaient. La campagne n'offrait plus qu'un spectacle de deuil et de tristesse; des champs incultes, des métairies brûlées ou abandonnées attestaient hautement la haine, la misère et l'anarchie. Les bourgs, affaiblis par de nombreux sièges, devenaient une proie facile pour qui savait oser. Divisées par la force des circonstances, les troupes catholiques ne pouvaient suffire à la répression complète d'un brigandage armé qui avait pour théâtre le Diois et le Valentinois. Poursuivie dans un lieu, la bande de pillards se jetait dans un autre et chaque jour la terreur ou le découragement lui ménageait un asile et de nouveaux succès. C'est ainsi qu'un détachement de huguenots s'empara, en 1577, de Montmeyran, d'Allex et de Loriol ; leur capture échappa de leurs mains ; les trois places rentrèrent sous l'obéissance du roi, mais ruinées par les subsides et les impôts forcés. (1)

Les habitants d'Allex, pour faire face aux dépenses de la guerre, se virent contraints d'aliéner une partie des biens de la communauté. Le moulin avec ses dépendances fut vendu quinze cents écus (2), cette somme, quoique assez importante, n'amena point l'extinction des dettes

(1) Mémoires d'Eustache Piémont.
(2) Archives de la chambre des comptes.

qui pesaient lourdement sur les taillables ; car l'abîme allait se creusant et s'élargissant ; il ne pouvait être comblé que par la paix et la prospérité, et de l'autre côté de la Drôme grondait le canon ; la lutte se perpétuait entre les deux partis. De Gordes assiégeait Grâne occupé par les huguenots ; un de ses capitaines, le vaillant Size, fut tué d'un coup d'arquebuse tiré du donjon. Sa mort répandit le deuil dans le camp et y souleva à la fois une douloureuse commotion ; avant de le venger, Gordes lui fit préparer de magnifiques funérailles auxquelles il présida lui-même, afin de mieux reconnaître son mérite et ses services éclatants. C'est à Allex que fut inhumé avec une pompe militaire et religieuse le corps du fidèle officier. (1)

En 1583, pressés de nouveau par le besoin d'alléger les charges publiques, les consuls vendent la part qu'avait Allex au domaine de Chapoutier possédé par indivis avec Montoison. Ils mettent aussi aux enchères les pierres des remparts démolis et croulant en maints endroits; mais ils ajoutent pour clause que les acquéreurs des matériaux en fourniront d'autres si les circonstances exigent la reconstruction ou réparation des murailles d'enceinte (2). Rien ne prouve mieux la détresse et la pénurie où la guerre avait jeté Allex que ce fâcheux moyen de battre monnaie. La nécessité pouvait seule autoriser l'aliénation des fonds de réserve et des biens accumulés par la sagesse et la prévoyance

(1) Histoire du Dauphiné, tome 2, page 641.
(2) Archives de la préfecture.

des siècles passés. Tant de sacrifices ne suffirent pas et de nouveaux périls amenèrent de nouveaux emprunts. Lassés et épuisés, les habitants adressèrent le 27 du mois de juin, une requête à Maugiron lieutenant du roi en Dauphiné, pour en obtenir la démolition de la tour carrée (1).

Ce vieux monument, debout encore au milieu de ses propres ruines, semblait exciter les convoitises des partis; malgré ses dégradations et son affaiblissement, ce qui restait constituait une position assez forte pour dominer le village et commander aux lieux environnants. Eloigner d'eux l'action des combattants par l'aspect d'une place ouverte et sans moyens de défense, telle fut la pensée qui inspira cette démarche. Mais les événements trompant leurs espérances, les plongèrent l'année suivante, dans les calamités qu'ils voulaient écarter de leurs foyers. La Valette se porte devant Eurre, s'en empare et vers la fin de février de l'an 1586, soumet aussi Allex au parti de la Ligue (2). L'œuvre de destruction n'ayant pu être accompli, ce village avait conservé une importance stratégique que reconnaissaient catholiques et huguenots, puisque en dépit de ses efforts pour s'annihiler et s'amoindrir, ils se le disputaient avec un acharnement qui ne trouve sa justification que dans le caractère de leurs hostilités.

La prise d'Allex par les Ligueurs est-elle le dernier acte de ce drame sanglant qui se jouait au profit des passions et des haines politiques?

(1) Archives de la préfecture.
(2) Vie de Lesdiguières, page 64.

a-t-elle clos, pour ce bourg, l'ère des troubles et des agitations? le silence des chroniqueurs ne permet guère de résoudre ces questions. Toutefois, les partis épuisés n'apportaient plus la même ardeur et le même entraînement; leur lutte et leurs opérations rétrécies chaque jour, ressemblaient aux symptômes d'une prochaine agonie.

Les convulsions sociales ne disparurent qu'à l'avènement d'Henri IV au trône de France. Son abjuration désarma les Ligueurs; l'édit de Nantes enleva aussi aux Réformés tout prétexte de remuement et la paix rendit à l'agriculture et à l'industrie des bras que leur ravissaient, depuis quarante ans, la guerre et l'anarchie. Le principe d'autorité triomphant des passions ameutées contre lui, son action tutélaire amena l'ordre et la confiance en des jours meilleurs. Partout s'opéra un travail de rénovation; les communautés qui avaient le plus souffert des divisions et des haines, entrèrent courageusement dans la voie du progrès, de l'union et de l'oubli. En présence des ruines qui couvraient le sol, un sentiment de tristesse s'empara des âmes; puis l'amour du pays natal se réveillant avec une nouvelle énergie, on envisagea l'abîme à combler, on le sonda et le patriotisme se montra à la hauteur des besoins. Eteindre les dettes contractées pendant la guerre, relever une à une, les institutions du passé, ranimer le travail, satisfaire aux charges présentes, effacer les vertiges des discordes civiles, voilà ce qu'entreprit la communauté d'Allex; ses consuls ne firent point défaut au zèle et au dévouement que demandait l'accomplissement d'une tâche si glorieuse et si digne de leurs efforts.

L'Église de Saint-Maurice et l'hôpital appelaient tout d'abord leur attention. Le fanatisme s'était rué sur ces vieux monuments de la foi et de la charité; les huguenots, dès leur première occupation d'Allex, les avaient pillés, brûlés et presque abattus. Le chœur de l'église fut réparé en 1616; quant à la nef qui était réduite à des murailles calcinées, la détresse du budget ne permit pas de la réédifier avec ses voûtes et ses colonnes; on se borna à la couvrir, laissant à des temps plus prospères, le soin de lui rendre son ancienne splendeur (1). Tous les biens attachés à la cure ne retournèrent point à leur destination; ce qui avait échappé au gaspillage et au désordre ne pouvait assurer l'existence d'un nombreux clergé, comme avant les troubles de la Réforme. Les prêtres choriers et les recteurs des chapelles disparurent donc, ainsi que beaucoup de fondations. Les revenus ecclésiastiques servirent à l'entretien du titulaire et de quelques prêtres seulement, chargés soit des obits, soit du service paroissial.

Le prieuré de Saint-Baudile n'offrait plus que décombres et murs renversés; les religieux de Cluny se bornèrent à une restauration incomplète de l'église et confièrent à un fermier l'administration des dîmes, des censes et des biens, sans s'astreindre à une résidence devenue impossible par la destruction des bâtiments claustraux. Aujourd'hui, il ne reste aucun vestige,

(1) Archives de la préfecture.

aucune ruine pour rappeler le souvenir de ce prieuré autrefois riche et florissant; c'est à peine si l'habitant des campagnes peut montrer au voyageur le lieu où il s'élevait, tant l'oubli pèse sur le passé !

Après avoir pourvu aux intérêts religieux selon la mesure de leurs ressources et de leurs moyens, les consuls dirigèrent leur attention vers un établissement que le caracactère de sa destination avait exposé à la rage des huguenots et aux instincts des mauvaises passions. L'hôpital situé près de l'église de Saint-Maurice était dans un délabrement qui accusait de profonds malheurs ou des excès commis par la plus sauvage barbarie. Le patrimoine des pauvres se composait de terres, de pensions et de censes léguées par la piété des aïeux. Les titres de propriété détournés ou perdus au milieu des troubles et des égitations, condamnaient les indigents à des privations que ne pouvait adoucir afficacement une communauté obérée de dettes et sans autre allégeance aux charges, que le fruit du travail des habitants. L'insuffisance des revenus de l'hôpital d'Allex devait, plus tard, motiver sa suppression. Louis XIV publia, en 1693, un édit pour réunir à l'Hôtel-Dieu de Valence appartenant aux chevaliers de Saint-Lazare, les biens et revenus de l'hôpital d'Allex, à la charge de satisfaire aux fondations dont il était grevé et de recevoir au *pro râta* de ces mêmes biens les pauvres et les malades du mandement (1). Le temps et les révolutions ont

(1) Archives de la mairie d'Alixan.

achevé la perte de l'asile des pauvres en lui enlevant ses derniers droits. Une tradition vague conserve à peine son souvenir et bientôt il n'en restera plus rien, pas même un vain nom !

Pendant qu'à force de sacrifices et de dévouement, on rendait un peu de vie aux institutions municipales, un peu d'aisance aux populations appauvries, un fléau éclatait et par ses ravages, jetait partout l'alarme, le deuil, et la terreur. La peste envahit Allex en 1629 et ne disparut entièrement qu'au commencement de l'année 1631. Les archives locales constatent sa présence et témoignent du zèle que déploya le *Conseil de santé* établi pour combattre et affaiblir le mal. Une garde veillant nuit et jour aux trois portes du bourg, avait pour mission d'empêcher tout rapport avec le voisinage. Les pestiférés furent isolés ; mais toutes ces précautions, inspirées par la frayeur ou la prudence, n'empêchaient pas les progrès de la contagion, et le nombre des victimes emportées allait croissant chaque jour.

Menacés en 1664, de voir se renouveler les mêmes scènes de mort et de désolation, les consuls et le châtelain rivalisèrent d'efforts et de vigilance pour calmer les esprits agités, en recourant promptement à des mesures regardées alors comme la sauvegarde du pays. Leurs craintes se dissipèrent et les habitants, enrôlés par le sentiment du danger, reprirent leurs habitudes de paix et de travail (1).

La prospérité et le bien-être de la communauté acquirent de nouveaux éléments de force

(1) Archives de la mairie.

et de durée dans la fusion qui s'opérait parmi les habitants. Les huguenots d'Allex ouvraient les yeux au flambeau de la vérité et renonçaient à un culte sans charmes et sans symbole, pour embrasser celui de leurs aïeux. Le mouvement de retour au catholicisme commença vers l'an 1642 et se prolongea jusqu'en 1685. Quand parut la révocation de l'édit de Nantes, nulle agitation ne se manifesta. Les régiments d'un pouvoir jaloux et rêvant l'unité, ne purent troubler une population forte de son homogénité; la raison et la réflexion avaient fait la besogne des Dragons; pas un huguenot n'habitait le bourg, on n'y comptait que des familles unies par les mêmes croyances et les mêmes devoirs. (1)

Sauf quelques modifications apportées par les idées et les mœurs de l'époque, Allex, au point de vue social, était dans les mêmes conditions d'existence qu'avant les guerres de la Réforme. Il faisait partie du domaine temporel de l'église de Valence; le chapitre de Saint-Apollinaire investi des droits seigneuriaux les exerçait par l'intermédiaire d'un procureur ou d'un fermier. Sa juridiction n'embrassait pas toutefois le mandement d'Allex dans toute son étendue; les privilèges attachés à plusieurs terres dépendant de la noblesse d'Allex, avaient pour résultat de la limiter et de l'amoindrir. Parmi celles-ci brillait d'un grand éclat la gentilhommière d'Aiguebonne, habitée par une branche de la foisonnante race d'Eurre. Les comtes et barons

(1) Archives de la mairie.

d'Aiguebonne se sont distingués dans l'armée, sous Louis XIII et Louis XIV. Leur histoire présenterait un vif intérêt; mais les actions et les hauts faits de ces nobles et vaillants chevaliers appartiennent plutôt à la biographie des d'Eurre qu'aux annales du village d'Allex. Sous l'action du temps et des révolutions, Aiguebonne s'est dépouillée des formes qui caractérisaient jadis la résidence des seigneurs. Tourelles, allées de marronniers, garennes et symboles de l'architecture féodale, ont disparu devant les exigences d'une exploitation rurale plus en quête des produits du sol que des charmes de la poésie.

La *Vermenelle* fut la propriété de François Vernet anobli en 1655, pour divers services rendus pendant la minorité de Louis XIV (1). Il existait un autre manoir qui tirait sa célébrité de ceux qui l'habitaient, il faisait partie de l'héritage de messire de la Tour-du-Pin. Un de ses descendants trouvant le foyer paternel peu en rapport avec son opulence et le confortable de la noblesse du 18me siècle, fit démolir la vieille demeure et construire l'élégante *villa* qu'on admire de nos jours. La beauté de son site et la richesse des pièces qui le composent en font un séjour plein d'attraits.

Un capitaine châtelain, deux consuls et un conseil de notables administraient les affaires de la communauté et veillaient au développement des intérêts matériels, avec le zèle et l'ardeur de leurs devanciers. Mais un des plus utiles legs de la féodalité avait été transformé

(1) Archives de la chambre des comptes.

et presque annéanti par les envahissements de la centralisation moderne. La judicature d'Allex n'existait guère qu'en souvenir; le juge, avec le personnel de la petite cour, résidait à Valence et par son éloignement imposait aux habitants un déplacement nuisible et toujours coûteux (1).

La révolution de 89 promena son effroyant niveau sur toute l'étendue du sol et dans sa course à travers les œuvres de la vieille société abattit et brisa tous les privilèges locaux. Allex, en cet immense auto-da-fé, où tombaient pêle et mêle un trône, des institutions, des usages et des droits consacrés par le temps, Allex perdit sa judicature et sortit du chaos, comme d'un nouveau moule, avec le modeste titre de commune annexée au canton de Crest.

La population d'Allex se compose de 1692 habitants dont la majeure partie réside en des hameaux épars cà et là. La fécondité et la richesse du sol qu'ils cultivent avec intelligence et succès, ont été pour eux jusqu'ici, une source d'aisance et de prospérité. L'industrie leur est presque étrangère ; tous se livrent aux rudes labeurs des champs, demandant à l'héritage paternel, ces paisibles jouissances qui, si longtemps, embellirent l'existence de leurs aïeux.

Il existe près d'Allex, sur la route de Crest à Livron, non loin des rives de la Drôme, un établissement dont la présence entretient, à un haut degré, l'amour du pays natal, en perfectionnant un art ignoré, dédaigné peut-être,

(1) Almanach du Dauphiné 1787.

mais avec lequel il faudra désormais compter. La ferme-école de Pergaud, fondée en 1849 et si habilement dirigée par M. Auguste Thomé, est appelée à rendre de grands services à l'agriculture. Déjà des enseignements convergent tout autour, et dans un avenir prochain, en présence des résultats obtenus, on rendra justice à la pensée qui a inspiré cette innovation.

Le village d'Allex est formé d'une rue principale à laquelle viennent aboutir de petites rues étroites et pentueuses. Malgré les efforts tentés individuellement pour lui imprimer le caractère de l'architecture moderne, il a conservé dans son ensemble l'aspect d'un bourg du moyen-âge. Des portes cintrées, des croisées, des maisons anciennes et noircies par le temps, accusent encore une époque reculée et présentent un contraste frappant avec les habitations construites de nos jours. Dans quelques quartiers, on respire ce parfum d'antiquité que poursuit l'archéologue en quête des souvenirs du passé. L'église, quoique mutilée, commande l'intérêt et se revêt, en quelques unes de ses parties, de cette physionomie grave et solennelle dont l'art moderne semble ignorer le secret. Le chœur avec ses trois absides, le portail et les croisées rappellent le style byzantin du XI° ou XII° siècle; elle se partageait en trois nefs; mais les huguenots abattirent le vaisseau principal et, dans leur vandalisme impie, ne laissèrent subsister que le chœur et les murs latéraux. Une voûte ignoble et sans art a remplacé les voûtes brûlées de l'antique édifice; d'autres restaurations, aussi mal conduites, en ont fait un corps disparate et sans harmonie. La chapelle occupant l'abside de gauche, mérite de fixer l'attention par l'élégance et la grâce de ses parties constitutives; on y remarque le tiers-point et les nervures, ces deux caractères distinctifs du style ogival. Le clocher bâti, il y a peu d'années, ferait l'orgueil de maintes églises construites de nos jours; mais accolé à un édifice ancien, il produit un effet disgracieux qu'atténueront les années, en lui donnant une teinte plus sombre et moins fatigante pour le regard.

Symbole d'une puissance qui ne saurait mourir, l'église de Saint-Maurice est encore debout, mutilée, il est vrai, par le fanatisme et la haine, mais radieuse encore comme un martyr survivant aux épreuves de la persécution. Moins heureux, parcequ'il représentait des idées mobiles et changeantes, le donjon n'a pu se relever et l'arrêt, qui le frappe, est sans appel; situé à mi-flanc du côteau auquel s'adosse le bourg, il semble menacer de sa chûte, les habitations gisant à ses pieds; le lierre recouvre d'un manteau de verdure ce demeurant d'un autre âge et communique à ces ruines désolées qu'il enlace de branches protectrices, un air de tristesse et de mélancolie dont l'impression ajoute au prestige des souvenirs. L'œil découvre encore sur le sommet, des segments de tours, des pans de murs, nobles débris du château qu'éleva la féodalité; quant à l'enceinte fortifiée du village, on a peine à la reconnaître; ses vestiges sont rares ou cachés par de nouvelles constructions, image fidèle d'une société vieillie qui a vu ses institutions abolies ou modifiées par de nouvelles mœurs.

Avec sa pauvreté en monuments historiques, Allex ne saurait attirer les investigations de l'artiste et de l'antiquaire; mais un site enchanteur, mais ce vaste panorama embrassant dans son étendue, Crest, Divajeu, Chabrillan, Grâne, les rocs du Vivarais et les côteaux de Livron, mais cette fertile campagne qui déploie à ses yeux, toutes les richesses et toutes les beautés d'une luxuriante végétation, il y a là, de douces émotions pour le peintre et le touriste. Le village lui-même offre l'aspect le plus gracieux, le tableau le plus frais et le plus animé. En haut se détache sur un ciel d'azur la silhouette du donjon, puis, à quelque distance, une tour ruinée figurant la suivante d'une reine en deuil; en dessous, s'étagent en amphithéâtre des maisons d'un ton varié accusant ici, l'opulence et la coquetterie moderne, là, des formes anciennes et une architecture peu en rapport avec le confortable de nos jours. Du milieu de ces demeures qui semblent abriter la paix et le bonheur, s'élancent pour les dominer, l'église et le clocher; au dernier plan, apparaît dans des massifs de verdure, un élégant manoir que ses eaux, ses ombrages et ses bosquets transforment en délicieuse villa !

VALENCE. — Imprimerie MARC AUREL.

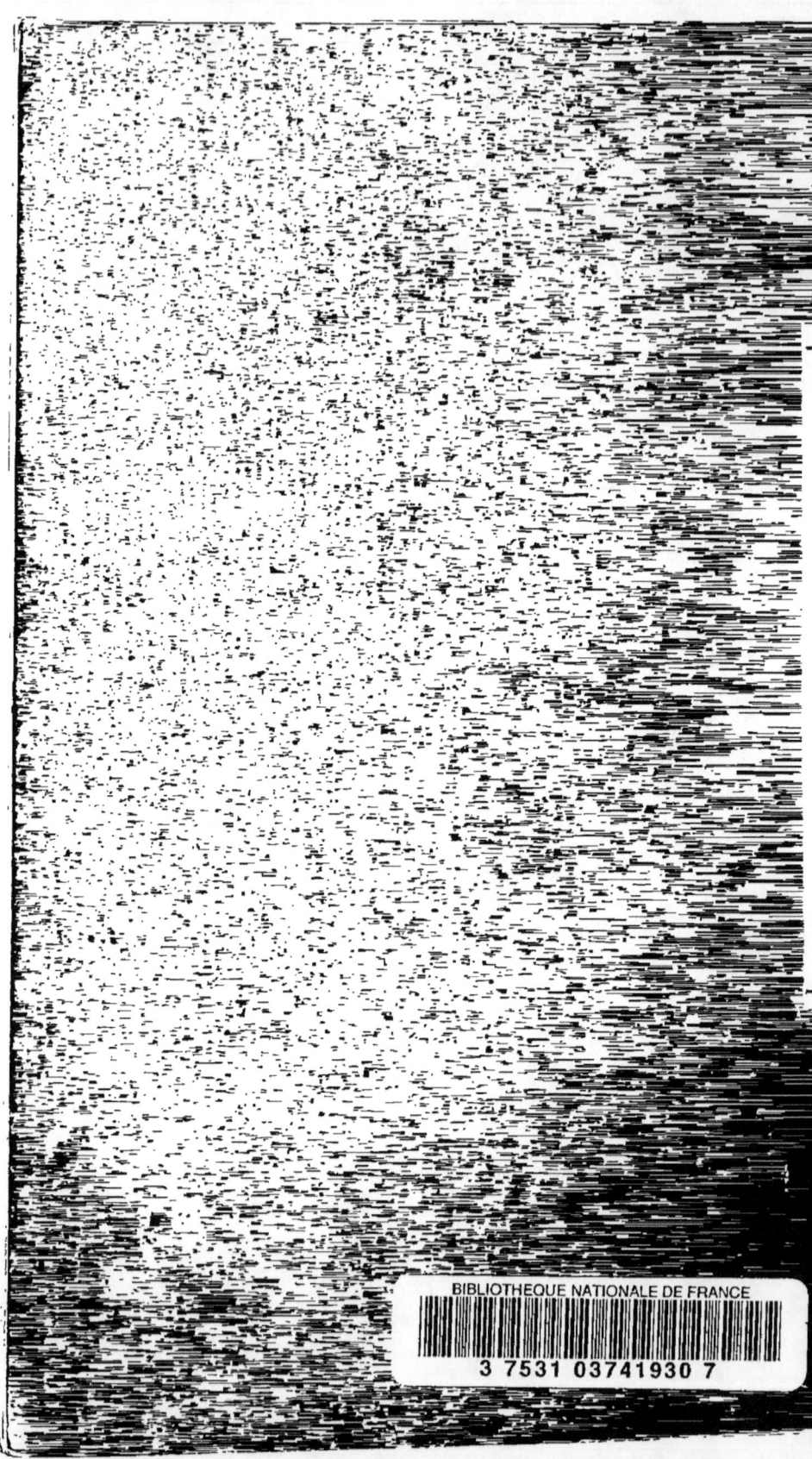

www.ingramcontent.com/pod-product-compliance
Lightning Source LLC
Chambersburg PA
CBHW070715050426
42451CB00008B/664